AF259793

SOUVENIR

DU 24 MAI

Quis nos separabit a charitate Christi ?
(*Rom.*, *chap.* VIII, *v.* 35)

PARIS

IMPRIMERIE VICTOR GOUPY,

RUE GARANCIÈRE, 5

—

1872

SOUVENIR DU 24 MAI

SOUVENIR

DU 24 MAI

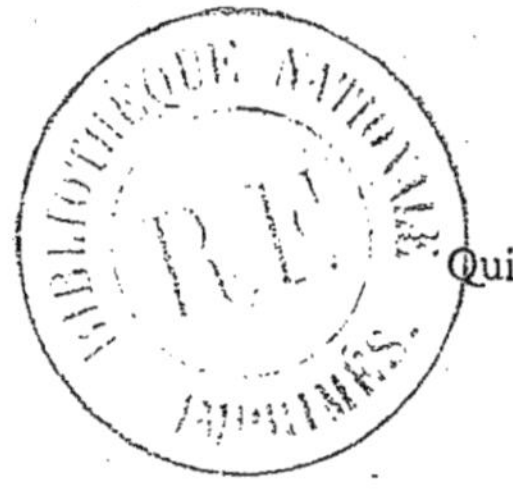

Quis nos separabit a charitate Christi ?
(*Rom.*, *chap.* VIII *V.* 35)

PARIS

IMPRIMERIE VICTOR GOUPY,

RUE GARANCIÈRE, 5.

—

1872

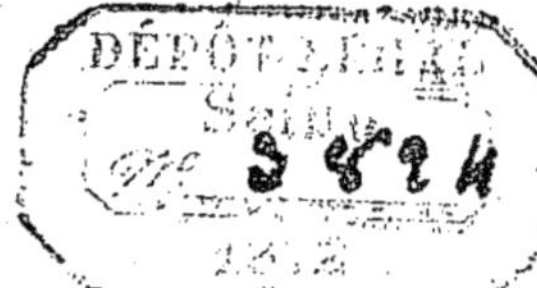

SOUVENIR DU 24 MAI

Nous approchons d'un glorieux et douloureux anniversaire. Le 24 mai nous rappelle un grand crime sur la terre et un grand triomphe dans le ciel. N'oublions pas ces enseignements, à la fois si éclatants et si redoutables. Au milieu de ces temps de défaillances morales, de caractères effacés, de mesquines ambitions, qu'il nous soit permis d'arrêter un instant nos regards sur une grande âme qui nous a laissé le souvenir d'une sainte vie, couronnée par l'exemple d'une admirable mort.

Oui, il doit rester autre chose pour nous du vénéré curé de la Madeleine, que ce cercueil qui semble le renfermer tout entier, mais qui ne contient que sa dépouille mortelle, et que la piété des fidèles prend cependant une triste joie à couvrir de fleurs, de larmes et de prières.

Il ne suffit pas de pleurer ceux que nous regrettons, comme si nous n'avions ni foi ni espérance. Les larmes versées sur le souvenir des saints doivent devenir fécondes. Faisons donc trêve aux raisonnements humains, sachons monter à la lueur de la foi comme aux rayons du soleil, et, de ces cimes radieuses, contemplant toutes choses à la lumière divine, apprenons à juger, à apprécier la vie et ses devoirs, et tout en pleurant encore, rendons notre douleur utile et nos regrets chrétiens. Dieu permet de tels exemples dans les temps troublés que nous traversons dans une pensée de miséricorde pour ceux qui nous les donnent, et d'instruction pour nous, afin que nos âmes puissent trouver un appui et une inspiration au contact des grandes vertus et des héroïques sacrifices. Comme l'a dit Bossuet, il n'y a rien ici de rude pour eux, puisque Dieu les sauve par le même coup qui nous instruit.

Encore une fois, élevons-nous plus haut que nos étroits horizons, apprenons de quelle manière ont vécu les grands caractères et comment dans la pratique des plus sublimes devoirs, ils avaient su diviniser leur vie et préparer leur mort, dût-elle être précédée par une longue agonie et terminée par le martyre.

S'il est vrai que le mal exerce encore après lui des ravages profonds, il est aussi vrai de dire que le bien se survit à lui-même et creuse des sillons ineffaçables. La lumière laisse après elle des reflets, le feu de la chaleur, les fleurs des parfums; serait-il plus difficile d'admettre que la mémoire des saints ait reçu de Dieu la vertu d'illuminer les âmes, de servir de rayon aux intelligences, de chaleur divine aux cœurs, et d'arome pour embaumer la vie et s'exhaler en grandes œuvres et en grands dévoûments.

Il y a deux traits admirables dans la vie du vénéré M. Deguerry : l'amour de Dieu et l'amour des pauvres. On le sait, il aurait pu être comblé des plus hautes dignités, s'il avait daigné les accepter, mais loin d'aller au-devant d'elles, il ne voulut même pas les laisser monter jusqu'à lui, et demeura au-dessous de tous les honneurs dans sa grande et touchante simplicité. Il préféra à tout autre titre celui de père des pauvres et d'apôtre des âmes, et se prépara ainsi malgré lui des droits sacrés à la reconnaissance universelle et à cette illustration qu'il avait éloignée avec tant de soin.

En ce siècle, où presque tout est matériel ou matérialisé, les paroles sublimes que nous allons rapporter ici semblent remonter au temps des Jérôme et des Augustin. Cependant il y a encore des âmes tourmentées par le divin, affamées de la lumière et de l'amour de Dieu; c'est pourquoi nous ne pouvons résister au désir de citer du saint abbé Deguerry un mot admirable, qui résume les élans dont ce grand cœur était animé. — On lui disait à la fin d'une année: « Il n'y a rien à vous souhaiter,

M. le curé, vous aimez tant le bon Dieu! »
— Car, en effet, l'amour divin resplendissait
dans ses discours, dans ses actions, dans toute
sa personne. — Il répondit avec une ardeur
indicible : Mais si j'aimais Dieu comme je le
dois, les pierres de cette église seraient *embra-
sées!* Vous ne savez donc pas que l'amour de
Dieu, c'est du feu....

On peut ne pas comprendre un tel accent
quand on n'a pas connu M. Deguerry, mais
ceux qui ont eu le bonheur de le connaître et
d'entendre ces paroles ne pourront jamais les
oublier.

C'est que son cœur de prêtre avait ren-
contré Jésus-Christ, ce Dieu caché, qui ne se
révèle qu'aux âmes pures, prêtes à tout quitter
pour le suivre et partager l'insigne privilége de
s'immoler avec lui. Au sacrifice de l'autel, qui
était, disait-il, la plus grande joie et le plus grand
honneur de son existence, il avait offert sa vie en
l'unissant à l'oblation de son Maître sur le cal-
vaire. Là, il avait puisé auprès du cœur de Dieu

le principe même de la force et de l'amour, et il était redescendu sur la terre comprenant dans toute son étendue la grande sublimité du sacerdoce, n'étant plus lui-même, mais étant devenu Jésus-Christ, et voulant comme lui, aimer, pardonner, se donner et enseigner à ce prix la vérité à travers la sublime vision de la charité !

Pour lui, les degrés d'élévation ne devaient être que les degrés du sacrifice. Il le disait souvent, et du jour où il avait accepté la mission d'évangéliser sa grande paroisse, il n'avait mesuré ni ses forces, ni son zèle ni son dévoûment, se proposant de se dépenser, de vivre, et au besoin de mourir pour le bien, l'utilité et l'exemple des âmes qui lui étaient confiées.

Est-il possible de ne pas lui appliquer ce mot de Bossuet, qu'il réalisa si complétement : « La bonté doit faire le fond de notre cœur et « doit être notre premier attrait pour gagner les « autres hommes... Sans la bonté on peut bien « forcer les respects, ravir l'admiration, mais on « n'aura pas les cœurs. » Comme il sut bien, en effet, mettre cette parole en pratique et attirer les âmes à Dieu en commençant par toucher les cœurs; comme il sut relever les courages, consoler les petits et les faibles, se réjouir avec les heureux et pleurer avec ceux qui souffraient, suivant le langage de l'Apôtre.

Ah! ne soyons pas insensibles à cette grande leçon. « Apprenons donc enfin à mépriser ce « monde qu'il a quitté sans peine, » après l'avoir éclairé d'une douce et profonde lumière, « pour « nous attacher à ce qu'il a embrassé avec tant « d'ardeur lorsque son âme épurée de tous les « sentiments de la terre et pleine du ciel où elle « touchait, a vu la lumière toute manifeste. » Nous réjouirons cette sainte âme et nous ajouterons, s'il se peut, à la félicité qu'elle possède, si nous cherchons à continuer ses œuvres, à imiter sa charité, à nous inspirer de ses vertus. Notre douleur ne sera plus stérile. Comme aux premiers temps du christianisme, le sang innocent fera germer encore de nouveaux sacrifices. Les chrétiens, alors, avaient la pieuse coutume de tremper leurs vêtements dans le sang des martyrs pour se préparer à de nouveaux combats, trempons nos âmes à leur exemple dans ce souvenir béni, pour nous rendre invulnérables au milieu de la lutte terrible qui est engagée à l'heure présente entre l'esprit de Dieu et l'esprit de ténèbres.

Oui, que ce grand souvenir plane au-dessus de la Madeleine, au-dessus de Paris, au-dessus de la France tout entière pour la fortifier et la régénérer ; et pour nous, fiers d'un tel pasteur et comme couverts d'un rejaillissement de sa gloire, travaillons à l'imiter dans l'héroïsme de sa vie, pour nous rendre dignes d'aller le rejoindre dans son immortelle demeure.

PARIS. — IMP. VICTOR GOUPY, RUE GARANCIÈRE, 5.